¿DÓNDE ESTÁ MI EQUIPO?
la vida es viaje

Mario Kogan - José Ochoa

¿DÓNDE ESTÁ MI EQUIPO?
la vida es viaje

Mario Kogan - José Ochoa

ң KLICZKOWSKI

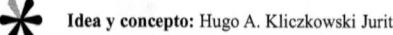 **Idea y concepto:** Hugo A. Kliczkowski Juritz

 © primera edición, 2006

H KLICZKOWSKI - ONLYBOOK, S.L.

La Fundición, 15. Polígono Industrial Santa Ana

Tel. +34 91 666 5001
Fax +34 91 301 2683
onlybook@onlybook.com
www.onlybook.com

Equipo Editorial
Elena María Feito
José Hamad

© *¿Dónde está mi equipo?*, Mario Kogan y José Ochoa, 2005

ISBN: 84-96592-01-4
EAN: 9788496592018
D. L.: M-00000-2006

Papel de interior: Estucado mate de 115 gr
Papel de cubierta: Estucado brillo de 250 gr
Letra: Times New Roman cuerpo 14 pt

Foto de portada:

Encontrará información sobre este y otros
títulos de la editorial en nuestro catálogo:
www.onlybook.com

Queda prohibida la reproducción total o parcial de este
volumen sin el consentimiento previo por escrito del editor.

9	¿dónde estoy?
11	azul profundo
15	luz verde
19	surcos plateados
23	compartir la naranja
26	alerta roja
30	agujero negro
35	disco amarillo
40	hilos dorados
44	nubarrones grises
47	cielo púrpura
50	página en blanco
55	arco iris
59	¿adónde voy?

¿Dónde está mi equipo?

En un planeta cubierto por el agua en su 80 por ciento, cuatro amigos se embarcan en un velero para cruzar uno de los grandes mares, el Atlántico. Su viaje es una travesía marítima de casi cinco mil kilómetros, pero sobre todo es un viaje interior y un viaje en grupo.

La vida es viaje, es muchos viajes. Éste era uno más y, como en casi todos, el viaje fue posible gracias al equipo. En el constante movimiento de la vida, el reto es identificar quién forma parte de cada viaje.

¿Somos capaces de convertir el grupo en un equipo? ¿Sabremos mantener los lazos más allá de las dificultades?

Y yo, ¿puedo ser parte de un equipo? ¿Dónde está?

¿dónde estoy?

No veo nada, no siento nada. No sé si tengo los ojos abiertos o cerrados, pero la oscuridad me rodea. Intento mover mi mano para tocar algo alrededor, pero ni siquiera noto que se mueva mi mano.

No percibo ningún sonido ni soy capaz de articularlo. El abismo de la soledad me produce un vértigo que me hace caer sin cesar.

No es la primera vez que me encuentro así, pero jamás me acostumbraré a esta sensación. Me gustaría moverme, estar seguro de avanzar hacia alguna parte, y ni siquiera sé si estoy totalmente inmóvil.

Necesito estar cerca de alguien, pero no noto ninguna presencia. Quisiera sentirme acompañado pero en la oscuridad me siento totalmente solo.

Quisiera saber dónde estoy, adónde voy, con quién voy. Esta sensación de soledad me produce un vacío que me sume en el abatimiento.

1

Samuel

Me acabo de despertar, pero todavía no abro los ojos. Siento un balanceo que me mece y me dejo llevar por esa sensación un rato. Abro los ojos y observo mi pequeño cubículo. Todo está igual que ayer y yo tengo la misma inquietud que cuando me acosté. Cuando salgo, el viento termina de despertarme. Todo, hasta el horizonte, es agua a mi alrededor. Estoy en medio del Atlántico. Me rodea

un azul profundo,

una inmensidad que produce vértigo, si se hace consciente.

—Buenos días, Samuel. ¿Una mala noche o un despertar inquieto? –me saluda Alberto, que está al timón. Me acerco a él.

—Lo segundo. Sigo dándole vueltas a la inmensidad oceánica. No somos nada aquí en medio. No le importamos a este mar. Hagamos lo que hagamos aquí, nada ni nadie se alterará, no tiene ninguna repercusión.

En todas las direcciones las distancias son enormes, incluso hacia abajo: tenemos una profundidad de 3.000 metros. ¿No se siente uno insignificante?

—Y eso no es nada comparado con tu minúscula posición en el tiempo.

—¿Qué quieres decir?

—Te lo explicaré. ¿Tienes una calculadora?

—No nos hace falta. Tenemos a Martín. ¡Martín, sube a cubierta y échanos una mano!

Alberto empezó su reflexión:

—Hace cuatro millones y medio de años se produjo en la evolución la aparición de los primeros homínidos. Y hace 127.000 años vivieron los Neanderthales. Parece lejos, ¿no?

—Sí —contesté.

—Pues vamos a traducir ese tiempo en distancia espacial. ¿Sabéis cuándo nació el océano que estamos surcando? No es tan viejo como parece. Nació en el Mesozoico. Estaba ya formado por la separación de continentes hace unos 65 millones de años. A ver, Martín, ¿qué distancia vamos a cubrir en nuestro viaje atravesando el Atlántico?

—3.100 millas náuticas.

—Que en metros son...

—Multiplicado por 1.852 metros... 5.741.000 metros.

—¡Impresionante! No conocía yo esta habilidad tuya, Martín. Bien, si contamos todo el tiempo que lleva existiendo este mar, 65 millones de años, y lo traducimos a la distancia entre los continentes, ¿cuántos metros son los 127.000 años que nos separan del Neanderthal?

—Es una sencilla regla de tres. Dame un momento… un poco más de once metros.

—Casi la eslora de este barco —apunté—. Porque tiene casi trece metros.

Alberto, mirando al frente, con las manos firmes en el timón, dijo sonriendo:

—Sí, señor Samuel. Si todo lo ancho de este mar valiera lo mismo que su edad, tú estarías tan lejos del Neanderthal como lo estás de Juan, que está en la proa.

En ese momento Juan, que no nos oía por el rugido del viento en las velas, se volvió y saludó con la mano, y Alberto dijo:

—¿A que tiene un poco de cara de simio nuestro Neanderthal? En términos de edad planetaria, la evolución humana acaba de pasar. Sólo unos metros te separan de lejanos ancestros. Eso quería decirte, Samuel: que no somos nada tampoco en el tiempo.

En ese momento se acercó Juan y preguntó:

—¡Qué animada conversación! ¿De qué va, Alberto?

—Martín hacía una exhibición de cálculo mental, mientras yo causaba vértigo en Samuel demostrándole lo poco que es una vida humana en la historia de este planeta.

—Desde luego —dijo Juan—, comparado con los tiempos cósmicos resultamos insignificantes.

—Eso era lo que decía yo —insistí—. Si importamos tan poco, ¿qué importa lo que hagamos?

—Te importa a ti. Le importa a tu equipo. Me importa a mí saber que puedo confiar en ti. Cuando tú estás de guardia por la noche, yo duermo tranquilo. Sí que cuenta lo que tú hagas.

Ahí estaba nuestro equipo, un grupo de personas comprometidas, cohesionadas para éxitos y fracasos, interrelacionadas. Personas que actúan con la tolerancia y la cooperación como pautas de conducta y que tienen el foco puesto en el equipo.

2

Juan

Muchos proyectos quedan en la imaginación de uno. Otros van tomando forma, pero no se terminan de concretar. Algunos se comparten como idea. De todos ellos, sólo unos pocos se realizan. El punto de arranque está en la voluntad decidida de llevarlos a cabo, cuando se enciende la

luz verde

para que el viaje empiece. Eso ocurre mucho antes de zarpar. En nuestro caso, unos dos años antes. Fue entonces cuando decidimos poner en marcha el sueño tantas veces comentado del cruce del Atlántico. Conocí a Martín, Samuel y Alberto en el colegio de mis hijas. La amistad de nuestros pequeños dio lugar a la nuestra. La afición compartida por el mar hizo el resto. Poco a poco fuimos acariciando la idea de cruzar algún día el Atlántico navegando a vela.

—¡Sería una hazaña! —exclamó Martín.

—Quizá para nosotros, pero hoy día objetivamente no

lo es —repuso Alberto—. Hace cientos de años que la gente cruza el Atlántico. Ahora mismo lo están cruzando varios cientos de personas en ambas direcciones. El viaje como trayecto lo puede hacer cualquiera, como vivencia es otra historia.

—El viaje se puede hacer en trasatlántico o en avión, pero la vivencia de cruzar navegando en un velero es distinta —dijo Martín.

—Y también lo puede hacer cualquiera, con una preparación adecuada es algo que está al alcance de todo el mundo —comenté.

—Vale, Juan —intervino Samuel—, pero creo que estamos fijándonos en lo anecdótico y no en lo esencial. Lo importante es la experiencia de hacer el viaje, no cómo lo haces.

—¿Qué quieres decir? —preguntó Martín.

—Pensad en un emigrante irlandés que cruza el Atlántico hace un siglo en la tercera clase de un buque comercial. Ha reunido el dinero para el pasaje con las aportaciones de su familia y de algunos amigos. Ha roto sus lazos con su tierra natal y se lanza a la aventura buscando nuevas oportunidades. Lo de menos es la travesía, lo importante es la decisión de hacer un viaje vital. Pensad ahora en un matrimonio boliviano que, después de trabajar tres años en España, consigue volver para recoger a sus hijos. Están volando con ellos hacia Europa, con la ilusión de darles con su esfuerzo aquello que ellos no pudieron tener en su tierra.

—Para esos niños no habrá menos emoción que la que podamos sentir nosotros navegando—reconoció Alberto—. ¿Por qué haríamos nosotros el viaje entonces?

—Porque ésta puede ser la forma de experimentar —especulé—. Una manera de crecer individualmente con lo que hacemos.

—¡Exacto! —exclamó Samuel con entusiasmo—. Estamos dando forma a un viaje que sobre todo será interior.

Mientras los demás hablaban me quedé pensando que a los miembros del equipo los puede convocar la casualidad, pero sólo son un equipo si deliberadamente lo deciden, si optan por ello, si lo declaran.

Los miraba hablar animadamente del proyecto y pensé que no se puede partir de la nada. Hacen falta unas bases. Donde impera la competitividad y la agresividad, no puede surgir equipo. Hace falta que exista el germen, un preequipo. Lo que empezábamos a ser nosotros.

Parece que existe en el ser humano esa necesidad de agruparse. En cada cultura puede tomar formas distintas, pero responde al mismo impulso. Una tribu, un club, un clan, un gremio, una asociación.

De mis pensamientos me sacó Samuel, que se puso en pie y dijo solemnemente:

—Yo no estoy dispuesto a hacer el viaje si no nos comprometemos todos a que al final vamos a mantener nuestra amistad. Pase lo que pase. Para mí es más importante nuestra amistad que el viaje. El equipo está por encima de la tarea. El viaje es secundario, la amistad es lo primordial.

—Eso se supone, ¿no? —dijo Alberto.

—No —contestó Samuel tajantemente—. Nunca se supone, hay que expresarlo siempre. Quiero vuestro compromiso expreso de que nosotros estamos por encima del viaje. Pensadlo bien antes de confirmarlo.

Dicho esto, extendió el brazo con la palma de la mano hacia abajo. Sin decir nada me levanté y puse mi mano sobre la suya. Después, Martín y Alberto lo hicieron casi a la vez. Parecíamos los cuatro mosqueteros. Nos dimos cuenta y nos echamos a reír abrazándonos.

Como dice el proverbio oriental: un largo camino empieza con un primer paso. Éste había sido nuestro primer paso.

3

Samuel

Al atardecer me invadió la melancolía. Permanecí en silencio en la popa del barco, observando un mar activo, incesante, incansable, lleno de vida. Tan nuestro y tan ajeno a nosotros. La belleza del agua era impresionante. Las ondas reflejaban la luz de un sol que declinaba. La mar rizada formaba

surcos plateados.

—¡Qué hermoso!
En silencio los otros dos tripulantes se aproximaron y estuvimos un largo rato los cuatro sin decir nada, dejándonos llevar por la imagen que contemplábamos. Un espectáculo que, por mucho que se repita, para nosotros era irrepetible.

Un rato después, el silencio lo rompió Martín, preguntándome qué tal iba con mis pensamientos trascendentes, los que habían sido tema de conversación aquella mañana.

—Bueno. Cuando la actividad cotidiana cesa, no te voy a negar que me pongo a darle vueltas a nuestra pequeñez.

—A mí me hicieron una vez un cálculo de cuánto significa la vida de un hombre en la historia del hombre —dijo Juan.

—¡Otro retorcido! —dije simulando disgusto, pero interesado por el planteamiento.

—Era muy sencillo. A ver si consigo recordarlo. El Homo sapiens, nuestra especie, surgió hace 30.000 años.

Martín se echó a reír:

—¿Y tú cómo lo sabes, si eres un Neanderthal?

—Porque soy un Neanderthal que lee sobre paleontología. A cualquiera le cuesta esfuerzo hacerse una idea de cuánto tiempo es eso en términos de vida. Si todo ese tiempo durara un año, ¿cuántas horas serían? ¿Cuántas horas tiene un año?

Martín volvió a su exhibición de la mañana:

—Son 8.760 horas.

—La expectativa de vida hoy día es de unos 80 años, pero en todas estas generaciones, ¿cuál podríamos considerar la media de vida?

—Ha cambiado a lo largo de los siglos —apuntó Alberto—. Pongamos que serían 35 años.

—Bien. ¿A cuántas horas equivaldrían esos 35 años?

—Vale. Otra regla de tres... —La calculadora humana tuvo la respuesta de inmediato—: Diez horas.

—Luego si pusiéramos la historia de la especie

humana en un año, toda tu vida, Samuel, equivaldría a diez horas —fue la conclusión de Juan.

De inmediato, Alberto sentenció:

—Y, como ya has vivido más o menos la mitad, te quedan cinco horas. ¿Qué vas a hacer con ellas? ¿Te vas a lamentar? ¿Vas a quejarte de que no te están dando algo? ¿Vas a esperar a que otros hagan algo para moverte tú? ¿Vas a buscar excusas?

—Eso es lo que hace mucha gente —dije.

—Pero eso no sirve para nada. Si no haces nada no prolongas tus míseras horas en el cálculo que ha hecho Juan. ¿Cuántas vidas puedes vivir hacia delante? Mirando al futuro, ¿a cuántos puedes habilitar vida con lo que tú haces?

—No estoy seguro de saber a qué te refieres —intervino Martín—. Hay personajes en la Historia que han proporcionado a mucha gente algunos ingredientes para su vida. Pensadores como Platón, músicos como Mozart, artistas como Miguel Ángel, fueron gente que han vivido días y semanas de la historia de la humanidad a través de la recreación que los demás han hecho a partir de su aportación.

—Sí, pero no hace falta alcanzar la fama para conseguirlo —puntualizó Alberto—. Hay muchas personas anónimas que han sabido inspirar la vida de otras. No recordamos el nombre de los que consiguieron dominar el fuego, construir la rueda o inventar la escritura, pero fijaos cuánto les debemos todos.

La opinión de Alberto me llevó a pensar en personajes anónimos, o en los que no lo eran para mí, pero lo acabarían siendo pasando las generaciones. Mis pensamientos pasaron a mi voz sin darme cuenta:
—Y quizá ni siquiera trasciende a muchas generaciones. Mi padre me enseñó lo que valía la honradez, la dedicación a los suyos, la coherencia vital no carente de simpatía. Y lo hizo precisamente con las acciones de su vida, no con discursos. No pasará a la Historia por eso, pero ha marcado mi historia personal.
—Y tú lo vas a transmitir a tus hijos, con tu propia aportación —dijo Alberto—. De esa forma tu padre no sólo se ha perpetuado biológicamente, lo ha hecho con su carácter, con su legado. Él sí ha sabido aprovechar sus pocas horas de vida en el tiempo total de la humanidad.
—A lo mejor merece la pena pasar a la acción y emprender algo —propuso Juan.
—Yo desde luego voy a pasar a la acción —dijo Martín—. ¿Quién viene a preparar la cena?
Mientras acompañaba a Martín, pensé en esas cinco horas que me quedaban. De hecho me podían quedar sólo cinco horas de vida. Estamos acostumbrados a pensar que tenemos toda la vida por delante, pero nadie sabe cuánto durará. Merecía la pena vivir las cinco horas intensamente, compartirlas con ellos. Eso me aportó alivio. Aunque sólo quedaran cinco horas, las pasaría con mi equipo. Y merecería la pena vivirlas con ellos.

4

Martín

En el barco estamos viviendo una experiencia inolvidable, afortunadamente marcada por la armonía y por la suerte de no haber sufrido hasta ahora ningún percance serio. Todo ello, sin embargo, no es fruto de la casualidad. Hubo muchos preparativos durante más de dos años. Preparativos materiales y personales. Al final todos teníamos claro que si sólo quedara una pieza de fruta, íbamos a

compartir la naranja

repartiendo los gajos. Prácticamente no hay que repartir tareas, apenas se enuncia una, salen tantos voluntarios que no hay que imponer a nadie actividades. Nunca faltan cosas que hacer, ni alguien que las haga.

Eso fue así desde el principio. Fuimos percibiendo que podíamos hacer algo juntos. Nadie lo decidió por nosotros. Ninguno buscaba fama, poder o dinero con este reto. Durante la preparación, Juan nos leyó un cuento de la tradición popular china según el cual el aprendiz pregunta al maestro cómo es el infierno. El maestro le dice: «Es una gran montaña de arroz humeante y aromático. Estamos sentados alrededor, pero no podemos comerla porque tenemos unos palillos demasiado largos y unos brazos demasiado cortos».

Entonces el alumno pregunta cómo es el cielo, y el maestro le explica: «Es una gran montaña de arroz humeante y aromático. Estamos sentados alrededor, tenemos unos palillos demasiado largos y unos brazos demasiado cortos, pero hemos aprendido a darnos de comer los unos a los otros».

Desde el comienzo potenciamos la cooperación frente a la competencia. La rivalidad no sirve para crear equipo. Yo soy el que tiene más experiencia de navegación, pero no he venido a competir, he venido a ofrecer lo que tengo y dispuesto a aprender de los demás todo lo que puedan aportar.

Recuerdo una reunión preparatoria en la que pegunté a los miembros del equipo quién se iba a responsabilizar de la convivencia durante la travesía.

—Somos un equipo, Martín, y tú eres el capitán —dijo Alberto—. No veo que haya que decidir nada.

—Pero pueden surgir diferencias y hasta disputas —contesté—. Cualquier tema complicado de relación puede amenazar al equipo y yo no debería hacer de juez supremo. Yo estoy al cargo de la nave.

—Claro —intervino Samuel—. De hecho, hay muchas historias de travesías que terminan tocando puerto y entonces todos los tripulantes cogen su petate y salen caminando en diferentes direcciones. Sin mirar atrás, sin volver a ver a sus compañeros de viaje.

—Yo no quiero correr ese riesgo con vosotros —dije, y Juan propuso:
—Establezcamos entonces un responsable de la armonía del grupo. Alguien que tenga la misión de velar por el buen ambiente.

Alberto precisó la sugerencia que había hecho Juan:
—De eso todos somos responsables. Hagamos la función rotatoria. Establezcamos un jefe de día que tenga la misión de mantener esa concordia, un jefe social que arbitre cualquier situación que amenace la cohesión del equipo.

—De acuerdo —concluí—. Establezcamos los turnos: empezarás tú, Alberto, seguirá Samuel, luego Juan y, por último, yo. Y vamos pasando el turno cada día hasta el final del viaje.

—¿Cómo estaremos pendientes del turno? —preguntó Samuel. Juan volvió a tomar la iniciativa y dijo:
—Podemos poner una hoja con los turnos. Y para darle a cada jornada el tono personal del jefe de día, haremos que escriba una frase que sirva de motivación al equipo.

—Como empezaré yo —dijo Alberto—, la primera frase que veréis será: «La amistad es el viento que nos mueve».

No sé si éramos muy conscientes de la importancia de estas decisiones, pero con ellas estábamos construyendo el equipo. No sólo teníamos un objetivo común, sino que lo estábamos haciendo explícito.

El equipo no se impone, se construye. Nadie puede ordenar que se forme un equipo, porque es el resultado del compromiso de cada uno. Compartir, colaborar es lo que hace equipo. Y yo estoy orgulloso de pertenecer a éste.

5

Juan

Ahora todo funciona. Pequeñas reparaciones nos permiten seguir la navegación de forma satisfactoria, pero aún recuerdo la primera dificultad que tuvimos que afrontar. No habíamos hecho más que comenzar el crucero dejando atrás Lanzarote con un viento muy fuerte, cuando un ruido en la botavara encendió la

alerta roja

porque una importante pieza de sujeción tenía una fisura y su reparación era urgente. Los intentos para arreglar la pieza durante la navegación se mostraban infructuosos. Samuel, que estaba a cargo de la mecánica, no podía creer lo que le había pasado. Tenía repuestos eléctricos, del aparejo, de los aparatos de comunicaciones, herramientas para resolver averías mecánicas, piezas para garantizar que no nos fallaba el piloto automático. Sin embargo, se había olvidado de incluir una remachadora, la única herramienta que nos permitiría resolver el problema.

No podíamos emprender tan largo viaje con este problema y Martín actuó como capitán del barco. Decidió que, aunque perdiéramos algo de tiempo, iríamos a Santa Cruz de Tenerife a comprar el material necesario antes de lanzarnos a nuestra travesía atlántica.

La decisión no podía haber sido más acertada, porque la remachadora es la herramienta que hasta hoy nos ha resultado de mayor utilidad, y nos ha sacado de más de un apuro. Sin embargo, lo realmente difícil fue sacar a Samuel de su abatimiento.

—No soy una persona fiable. Os he fallado —decía, bajando la cabeza—. No puedo creerlo. Tenía de todo, creía que estaba todo previsto, y he tenido que cometer un error de bulto. Me había dejado en tierra lo más necesario.

—Déjate de lamentos. Tú no eres peor que ninguno —dijo Alberto—. Aquí somos un equipo. Los éxitos son de todos y los fallos también los asumimos todos.

—Todos ganan o todos pierden —sentenció Martín.

—Además —dije yo—, ¿no fuiste tú el que nos insistió antes de la salida en que formuláramos un compromiso de equipo? Pues ya nos ves. Aquí estamos a tu lado. Juntos vamos a resolver todos los problemas que nos surjan.

—Éste ya está resuelto —continuó Alberto—. Cuando lleguen otros, los afrontaremos juntos. No quiero volver a oír que te lamentas por lo que ha pasado.

Diez días después de aquel episodio Samuel ha dejado de culparse por lo sucedido y hemos tenido tiempo de comentar la importancia de la cohesión entre los cuatro.

Ayer lo formulaba Alberto con estas palabras:
—Un equipo es un grupo de personas que actúan con una meta común. En un equipo el resultado es mayor que la suma de las partes.
—Pero un equipo puede ser bueno o malo —hizo notar Martín—. Quiero decir que algunos equipos funcionan mal, no consiguen el éxito.
—No confundas el éxito con la perfección —le contestó Alberto—. Nuestro objetivo se puede cumplir de forma satisfactoria. No estamos en una regata, no competimos contra nadie. Ni siquiera contra nosotros mismos.
—Normalmente conseguimos mayor eficacia por medio de la planificación, organización, ejecución, evaluación y corrección —dije yo, mientras Samuel seguía callado.
—¿Y creéis que eso es igualmente válido para la salud de las relaciones del equipo? —preguntó Martín.
—No —contestó enérgico Samuel—. Cuando se trata de comunicación, motivación y compromiso, las cosas no son fáciles de meter en un proceso. La eficacia de la relación es menos tangible y hay que estimularla con pequeños detalles, día a día.
—Yo lo veo así —dijo Martín—. Imaginad un eje vertical de eficacia: la parte superior es la máxima eficacia, y un eje horizontal de motivación que lo cruza, teniendo a la derecha la máxima motivación. Lo ideal sería que todos los miembros del equipo estuvieran en el cuadrante superior derecho: máxima eficacia gracias a la máxima motivación.

—No sé si es lo ideal, pero no es lo real —repuso Alberto—. No se puede exigir que todo el tiempo la gente esté en ese cuadrante de excelencia.

—Es cierto. Lo importante no es dónde estás, sino hacia dónde vas —puntualizó Samuel—. ¿Os acordáis del episodio de la remachadora? Yo estaba muy motivado y no fui muy eficaz. Luego caí en el desánimo por mi fallo. Lo importante fue que los demás me llevasteis de nuevo a la motivación, a la confianza en mí mismo.

Todos nos quedamos mirándole. Ése era nuestro Samuel, el entusiasta que tenía fe en su equipo. Me quedé pensando en que lo importante son esas funciones de relación que ayudan al integrante del grupo que necesita apoyo en el momento adecuado. El alto rendimiento sólo se consigue en equipos que se automotivan y autocontrolan para ser eficaces. Dije:

—La eficacia del equipo no tiene una fórmula mágica, no hay unas vitaminas que la garanticen. Sólo se consigue trabajando cada día la confianza y los valores de cada uno, ayudando al otro a crecer, entendiendo las diferencias, respetando los valores de los demás.

—Y es casi imposible meter esto en un proceso —concluyó Samuel.

Por todo eso, mañana, que me toca ser jefe de día, la frase va a ser: «Esto va a dejar un poso magnífico en nosotros».

6

Alberto

Antes del viaje estaba pasando por un mal momento. Todo eran prisas, compromisos que no sabía cómo había adquirido, obligaciones que yo mismo me imponía. Tenía exigencias que me venían de todas partes y sentía que me encontraba en un profundo

agujero negro

que absorbía toda mi energía y del que no sabía cómo salir. Todos me decían: «Anímate, Alberto. Cómo vas a faltar tú en el equipo», pero me resultaba imposible ver la forma de salir de esa dinámica que me hacía infeliz.

La idea del viaje me parecía atractiva, pero la veía como un sueño irrealizable, como un deseo que jamás se cumpliría. Nunca agradeceré lo suficiente a mis compañeros haber insistido, haber argumentado contra mi abatimiento.

Mi excusa era siempre la falta de tiempo. Recuerdo que Juan me dijo:

—El tiempo, más que una realidad física, es una

percepción. El tiempo es relativo y muy subjetivo. Lo que hay que decidir es qué haces con él.

—Ya —repuse—, pero es que mi tiempo no lo manejo yo, son otros los que dictan mi agenda.

Samuel se puso solemne y dijo:

—El tiempo es lo único que tenemos. Es lo único realmente nuestro. Si no eres dueño de tu tiempo, ¿de qué eres dueño? Siento decirte que has perdido el control de tu vida y, por tanto, no la estás viviendo.

—Quizá esa visión sea muy radical —dijo Martín—, pero algo de cierto tiene. La pregunta que te puedes hacer, Alberto, es si tu situación depende de un agente externo.

Me quedé en silencio un rato. Un silencio que los demás respetaron. El repaso de mi vida, tan repleta de cosas fuera de control, lo hice muy rápido, y la respuesta surgió de forma natural:

—No.

—En general, no —confirmó Martín—. El problema suele estar dentro. Uno mismo suele ser el problema, lo que ocurre es que sólo nos fijamos en lo que percibimos como una presión externa.

Samuel volvió a su tono inquisitivo:

—Alberto, ¿tú estás de viaje?

—Aún no hemos decidido siquiera si haremos la travesía.

—No me refiero ahora a ese viaje. La vida es tránsito, pero hay que hacerlo consciente. La pregunta es: ¿sabes hacia dónde te diriges? ¿Conoces la razón de ese «viaje»?

¿Eres dueño de tu vida, tu viaje, tu tiempo? ¿De qué eres dueño?

Tengo que reconocer que la pregunta tan directa en un momento como el que estaba pasando me resultó incómoda e hiriente por lo acertada. Juan debió de percibir esta inquietud y tomó la palabra para plantear el tema de forma menos radical.

—Una bicicleta normal, una con un sillín, sólo se mueve cuando tú te montas y pedaleas. La gestionas tú solo, no la dirige otro, porque tú te apoyas en el manillar que marca la dirección. Tú puedes elegir una ruta ascendente y, aunque te suponga mucho esfuerzo, ése será tu viaje, porque lo habrás elegido tú. Pero puedes decidir que vas a ir por terreno llano, por un parque. Será otro tipo de recorrido, a más o menos velocidad, pero tú eliges adónde. Hay otros recorridos que son más fáciles, son cuesta abajo. Haces menos esfuerzo, aunque también andas en bici.

—Así cualquiera —dije, dejándome llevar por la sensación de agobio que vivía en aquellos días—. Cuesta abajo también haría yo el recorrido, y así me costaría menos esfuerzo.

—No te equivoques. No es un problema de esfuerzo. Hay gente que hace mucho esfuerzo, pero no realiza ningún viaje. Con una bicicleta estática, por más fuerza que hagas, por más energía que pongas, no te mueves del sitio.

—Pero a lo mejor has decidido entrenarte, hacer ejercicio para liberar tensión —intervino Martín, a lo que Juan repuso:

—Si lo has decidido, bien; pero hay gente que va toda su vida montado en una bicicleta sin cadena. Aunque pedalee, no recorre ningún espacio, no se produce el movimiento. No hay viaje. Es gente que va a trabajar y no hace, que lee y no aprende, que se cruza con otros y les bloquea el paso en lugar de saludarles y hablar con ellos. Lo peor es que creen que no hay otra forma de ir en bici.

—Espero que no sea mi caso —dije esperando una palabra de aliento, que llegó de quien menos me esperaba:

—Seguro que no —afirmó Samuel—. Además, para eso estamos nosotros aquí. Pero tiene razón Juan. Lo importante no es cuánto te cansas, sino que el esfuerzo te permita llegar a otro sitio. No siempre hay que pedalear cuesta arriba para hacer el viaje.

—Aunque cada uno piense que su recorrido es el correcto, en realidad no hay un viaje mejor que otro, sólo está tu viaje —concluyó Juan—. Ése es el que cuenta. El viaje ideal no es el de mayor superación. Lo que hay que hacer es decidir que quieres hacer tu viaje.

—¿Qué dices? ¿Te apuntas al viaje? En el barco no vas a tener que pedalear para estos dos —dijo Martín, quitando solemnidad a la conversación—. A lo mejor la travesía del Atlántico es el paréntesis que necesitas abrir para volver con otro ánimo. Piensa que también tu mujer y tus hijos necesitan recuperarte. Tú mismo dices que ahora no te tienen.

—No sé por qué insistís tanto, a lo mejor soy un caso perdido. En realidad no hay nadie imprescindible, el viaje podéis hacerlo igual sin mí.

—En eso te equivocas. Sí eres importante. Lo eres

para nosotros —dijo tajante Samuel.

—¿Es que no nos conoces? ¿Te has preguntado quiénes son tus compañeros de viaje? ¿Sabes qué valoran de ti? —insistió Martín.

Me quedé mirándoles a los ojos, uno tras otro. Se fueron dando cuenta de que habían conseguido involucrarme. Sólo tuve que preguntar:

—¿Cuándo volvemos a quedar para empezar a planificar la travesía?

Sonrieron sabiendo que el equipo estaba empezando a cuajar de verdad. Cuando nos despedimos me quedé pensando si sabrían ellos qué es lo que yo valoraba de cada uno. Luego estuve reflexionando sobre lo que yo podía perfeccionar para ser un mejor compañero de viaje, para merecer la amistad de estos tres hombres.

Nos rodean preocupaciones, inquietudes, presiones. Si no nos dedicamos tiempo, cuidado, ni afecto, es muy difícil que tengamos una relación que dé fruto. El tiempo es un tesoro que, para disfrutarlo, hay que compartirlo. La atención y la disponibilidad son las principales monedas con las que podemos comerciar en el mercado de las relaciones personales.

Después de aquella conversación fui consciente de que en un verdadero equipo, cuando alguien está en horas bajas, los demás le sustituyen, le ayudan, le apoyan. Sólo de esta forma se dan pasos en la construcción de los lazos que mantienen unido al equipo. Y esos lazos pueden llegar a ser indestructibles.

7

Martín

El termómetro marca 34 grados, pero la sensación térmica es mucho mayor. La humedad y el poco viento hacen que el calor se adueñe de nosotros. Cada movimiento se convierte en un esfuerzo mayor del esperado. Por eso nos lo pensamos siempre antes de cada acción, para no fatigarnos innecesariamente. Un ardiente

disco amarillo,

un sol tropical cae a plomo sobre nosotros. Nada hace sombra en medio del océano. Estamos a merced del inclemente sol.

Procuramos beber más, siempre pendientes de nuestras reservas de agua potable, y nos refrescamos con cubos de agua marina.

Gracias al toldo que tenemos en la popa podemos refugiarnos a ratos de la severidad del potente astro. Mientras Juan y Alberto descansan en sus camarotes, es Samuel quien está al timón. Me acerco a él, balanceándome levemente porque, aunque el viento nos empuja, es uno de los días que menor velocidad llevamos. No hemos puesto el motor más que para recargar las baterías de los dispositivos eléctricos.

—Hoy los alisios no soplan con el ímpetu de otros días.

—No. Hoy el sol es de justicia —me contesta Samuel.

—Pero aunque a menos nudos, seguimos rumbo a nuestro destino.

—La verdad es que el piloto automático es un asistente muy útil. No como en la vida, en la que quienes van con piloto automático se pierden buena parte de las sensaciones del viaje. Además, en la vida uno sabe cuál es el puerto de partida, pero no siempre el de destino.

—Tampoco aquí, Samuel —repuse—. Tú estás al timón ahora y podrías cambiar el rumbo o podría haber otras circunstancias que nos llevaran a un punto lejano de la meta que nos hemos fijado.

—El caso es que uno en la vida tiene muchas opciones. Hay muchos puertos, pero los viajes no tienen mil rumbos, tienen uno. Hay que decidir adónde quiere llegar uno, y hay que decidir en qué condiciones quieres salir cuando el viaje termine.

—Recuerdo cuando antes de comenzar siquiera los preparativos nos insististe en que esto es algo que debemos decidir al principio. Tener las ideas claras respecto a tus compañeros de viaje —recordé.

—Para mí es muy importante. Creo que hay encrucijadas en la vida en las que uno tiene que pararse a pensar y elegir un rumbo, y decidir con qué tripulantes quiere hacer ese viaje. Y luego tomar la decisión y hacerlo, a ser posible con las personas con quienes quieres hacerlo.

—Tú le das mucha importancia, Samuel, y aquí estamos conviviendo gracias a una amistad que renovamos cada día, pero hay gente que no cree en los equipos, que piensan que no sirven para nada.

—Ya. Porque parten de la idea de que nadie va a hacer las cosas como ellos las harían. O porque no creen en el proceso ni en el valor ajeno. Se creen más importantes que los demás y ven competencia por todas partes.

—Recuerdo una fábula que me contó mi madre. —Y comencé el relato—: Los órganos del cuerpo debaten sobre la primacía de unos sobre otros. El cerebro dice que él lo controla todo, que rige lo que hacen los demás y por ello es el más importante. El corazón le rebate de inmediato y dice que sin él no hay motor. Los pulmones dicen que sin el oxígeno que ellos aportan, la sangre del corazón no vale nada. Todos se sienten más importantes que los demás. Cuando el culo pide la palabra, todos estallan en una carcajada y se burlan de él, denigrándolo. Él no reclama ser el mejor, sólo dice que se siente tan importante como los otros, pero los demás se lo niegan. Al final concluye: Bueno, como no valgo nada, voy a dejar de trabajar unos días. Por supuesto, el organismo enferma y todas las vísceras se ponen de acuerdo para decirle al culo que se han dado cuenta de que también él es importante.

—Muy bueno. De hecho, aunque alguien no crea en los equipos, no se está dando cuenta de que él mismo funciona gracias a un equipo. Un equipo que no se ve. Hay entornos de colaboración que llevan a algo, aunque tú no lo sepas.

Juan apareció en cubierta y preguntó:

—¿A que habláis de equipos?

—Sí —dijo Samuel—, de equipos y de rumbos.

—El rumbo es importante, porque aunque la planificación sea exhaustiva y detallada, el control del rumbo es pieza clave de cualquier recorrido —apunté.

—Ya sabéis que a mí me encanta la orientación. Me pasaría el tiempo en la mesa de cartas marcando la ruta recorrida y trazando el rumbo —dijo Juan.

—Además de las cartas, nosotros contamos con muchas ayudas a la navegación que antiguamente no se tenían. Usaban las estrellas y este sol que hoy nos castiga inclemente —comentó Samuel—. Nosotros tenemos el piloto automático que mencionábamos antes.

—Sí. ¿Os habéis fijado en cómo va corrigiendo el rumbo marcado con pequeños cambios?

—De hecho, Juan —dije—, las maniobras que requieren mayor control las hacemos nosotros de forma manual.

—En el rumbo de la vida —reflexionó Samuel— hay gente que sólo considera válidos los golpes de timón y no se da cuenta de que se puede navegar haciendo pequeñas correcciones. A veces virar de forma brusca acaba dejándote en el mismo lugar, mientras que leves variaciones hechas a tiempo pueden llevarte a un destino muy distinto.

8

Samuel

Ser capaces de controlar nuestro destino en medio de la fuerza impresionante de la naturaleza es todo un reto. Nuestra pequeñez induce a la inquietud, la incertidumbre y hasta el temor. Conforme descendía el sol, las nubes se formaban y se deshacían en

hilos dorados

con los que se vestía el cielo para una noche de gala. Las gaviotas que nos acompañaban, volando tan lejos de tierra, también contribuían a la misma reflexión: su fragilidad contrasta con la inmensidad de la masa de agua. Volaban en mitad de ninguna parte.

La noche fue una sucesión de guardias sin incidencias. La última guardia me permitió pensar en cómo había sido la organización del viaje.

Recordé los preparativos, la habilidad de Alberto para diseñar un programa en el que estuviera reflejada toda la estiba: identificar todos los espacios disponibles, saber dónde colocábamos cada cosa, prever en qué orden podríamos ir necesitando los alimentos, tener perfectamente ubicadas las cosas que podíamos necesitar en cualquier momento. Una tonelada de avituallamiento no se maneja sin un buen plan de estiba.

Juan había decidido los menús. No es que fuera el cocinero oficial, pero sí se preocupó de que tuviéramos una dieta variada durante la travesía, dejando espacio también para algún capricho culinario. Martín estuvo a cargo del capítulo médico, no sólo del botiquín, sino también de la hoja de consejos médicos y recursos para responder a cualquier eventualidad médica no quirúrgica. La parte mecánica y el equipo de reparaciones estuvo a mi cargo, y sólo hubo un contratiempo que me puedo reprochar.

Dejamos poco espacio a la improvisación, porque no se trataba de lanzarse a una aventura temeraria, sino de vivir la experiencia positiva de un viaje.

Al amanecer, Alberto y Martín estaban preparados para que los tres recibiéramos a Juan cuando subiera a cubierta y desearle:

—¡Feliz cumpleaños!

Tras corear la canción de rigor, le hicimos entrega de los regalos que nos habían confiado en secreto su mujer y sus hijos. En ese momento Juan vivió de manera más intensa la emoción cotidiana de recibir los mensajes de las personas que habíamos dejado en tierra, de nuestros seres queridos que añoramos durante el viaje.

Nosotros le entregamos una sencilla estatua de madera que representa a un capitán de barco, un viejo lobo de mar.

—En el pedestal hemos tallado tu lema: «Somos un equipo» —le hice notar.

Visiblemente emocionado nos dio las gracias y tambaleándose por el ritmo de las olas se fue acercando a cada uno de nosotros para darnos un sincero abrazo. Luego nos dijo que se sentía realmente parte de un equipo.

Juan es un alto directivo en su vida normal, pero aquí es un tripulante más. Él mismo lo hacía notar:

—En distintos viajes uno desempeña diferentes papeles. Creo que merece la pena identificar bien tu rol y desempeñarlo con dignidad.

—Y hay viajes simultáneos con papeles diferentes —dijo Alberto.

—¿Qué quieres decir? —preguntó Martín.

—Que en casa tienes la responsabilidad de padre, en el trabajo desempeñas tu cometido, en el grupo de amigos eres ingenioso, en este barco eres capitán. Eres apoyo para tu mujer y modelo para tus hijos. Eres guía para tus colaboradores y consuelo de tus ancianos padres. Eres miembro de muchos equipos.

—¡Qué difícil no confundir los papeles! —exclamó Juan.

—Y ahí está la clave, en saber quién eres en cada momento. En preguntártelo. Y, como siempre, en hacerlo consciente —concluí.

Parece que el viento ha disminuido, pero lo que ocurre es que vamos en su misma dirección. Su fuerza nos lanza hacia el Oeste con ímpetu. Sentimos cómo planeamos sobre el empuje ascendente y descendente del oleaje.

Aún no nos habíamos acostado cuando oímos un resoplido en el costado de babor que resonó en todo el casco. No había sido una ola que golpeara en la quilla del barco. Cuando aún nos preguntábamos por el origen del sonido, se produjo otra vez. Inmediatamente después notamos un coletazo a pocos metros de nosotros. Una imponente ballena se nos había acercado. Nadó a nuestro lado un momento, quizá preguntándose qué hacían estos intrusos en su mundo. Luego se sumergió en las profundas y oscuras aguas atlánticas.

9

Juan

Hacía dos días que los alisios enfurecidos nos empujaban con fuerza. Teníamos fuerte viento con varios trenes de olas que agitaban mucho el barco. Mar de fondo que podía prolongarse a juzgar por los

nubarrones grises

que se sucedían velozmente en el cielo. La fuerza del viento hizo que se rompiera el enganche que sujetaba una de las velas a la parte más alta del palo. Se encontraba a quince metros de altura, pero no había otra solución que subir para engancharlo.

Decidimos izar a Alberto a tope de palo. El barco se balanceaba tumbándose hasta 30 grados a cada lado por el fuerte oleaje. Nos decidimos a realizar la operación y Alberto se preparó poniéndose el arnés al que enganchar el cabo con el que ascendería. Empezamos a tirar para izarlo, pero al llegar a la primera cruceta se le enganchó la pierna y tuvimos que arriarlo un poco para corregir el recorrido. A partir de ahí la ascensión se produjo sin problemas.

Sin embargo, la furia del mar no cesaba, y justo cuando había enganchado el mosquetón de la vela al mástil, tres olas sucesivas de especial virulencia balancearon el barco hasta casi los 60 grados. Alberto se mantenía fuertemente agarrado al palo mientras nosotros nos preparábamos para arriarlo en cuanto el barco se estabilizara un poco. Una vez con los pies sobre cubierta, Alberto reconoció haber pasado miedo, pero dijo que su confianza en nosotros le había permitido superarlo.

Toda la operación se había realizado rápidamente, con gran coordinación, pero había sido un trance duro. Una de las acciones más arriesgadas de todo el viaje. Al caer la noche redujimos las guardias a una hora, aunque fue imposible para todos dormir hasta la mañana.

Al día siguiente estuvimos comentando cómo había sido la noche. Cómo había funcionado el equipo. Alberto comentó:

—En los momentos de crisis el equipo se compromete, mide sus fuerzas, se organiza, y cada uno se emplea a fondo.

—Pero para eso tiene que haber disposición —interrumpió Martín.

—Claro —dijo Samuel—. Si pienso que mi jefe es un negrero y mi jefe cree que yo lo único en que estoy pensando es cuánto falta para salir del trabajo, es muy difícil que entre los dos construyamos un equipo.

En los momentos de crisis los buenos equipos tienden a fortalecerse

—Por otro lado, el equipo empieza en uno mismo —comenté—. Si la bicicleta de la que hablábamos el otro día no está en condiciones, no podemos sumarnos al grupo.

—Juan tiene razón —dijo Martín—. Si falta aire en las ruedas, no está engrasado el engranaje o están mal los frenos, no sirve de nada criticar a los demás porque tengan mejor bicicleta y consigan sus logros. Cada uno tiene que estar preparado y dispuesto para el equipo.

—Desde luego, es preferible preparar la maquinaria y estar dispuesto a sumarte a la excursión —sentenció Samuel—, pero también cuenta mucho nuestra mirada hacia los demás. Hay cosas que nos hacen distintos y otras que nos hacen parecidos. Sin embargo, lo que percibimos como distinto nos quita energía para crecer juntos. Cuando nos fijamos en la diferencia estamos perdiendo una oportunidad de avanzar y crear.

—Pero no todos harán las cosas como yo o como a mí me gustaría —repuse.

—Lo cual no tiene que suponer que sea peor, sólo diferente —dijo Martín—. En un equipo hay que saber ceder y respetar las formas de hacer de cada uno. A lo mejor no me gusta cómo limpia Alberto la cubierta, pero él es quien ha tenido los arrestos de subir al palo. Merece un respeto.

10

Alberto

El día había sido caluroso. Al atardecer se produjo una espectacular puesta de sol, casi tropical, que incendió el horizonte de un

cielo púrpura,

un gozo que duró casi media hora y que dio pie para hablar de un tema que todos teníamos ya en mente: el final de nuestro viaje.

—Ya queda poco para llegar a nuestro destino. ¿No tenéis miedo de que termine? —pregunté.

—Creo que todos tenemos pensamientos contradictorios: tenemos ganas de llegar, pero no queremos romper la magia de nuestra convivencia, de esta experiencia sin parangón —dijo Martín con entusiasmo.

—Tanto estamos disfrutando del viaje que nos gustaría detener el momento —confirmó Juan—. Sin embargo, el movimiento perpetuo del mar y la fuerza de los vientos nos conducen a nuestro destino.

—Es un sueño del que no querríamos despertar. Ni nosotros mismos pensábamos seriamente que pudiéramos hacerlo realidad, ¿verdad?

—Sobre todo considerando que no somos profesionales del mar —dijo Juan.

—Yo solo no habría podido hacerlo —atajó Samuel.

—Otros sí han navegado solos por el Atlántico —opinó Martín.

—Pero quizá buscaban una hazaña o una superación, mientras que yo buscaba un equipo —dije convencido—. Creo que la satisfacción de haberlo conseguido yo solo no habría superado al disfrute de haber navegado con vosotros.

—Esperemos que la vuelta a lo cotidiano no sea muy dura. Me pregunto cómo veremos el mundo con estos ojos que se han acostumbrado a mirar un océano sin límites —pensó Samuel en voz alta.

—Pues tendremos que adaptar nuestra mirada —propuso Martín—. Poco a poco habrá que acostumbrarse a las paredes de casa, a los límites del entorno de trabajo.

—Y mientras parpadeamos para adaptarnos a una menor intensidad de luz, creo que lo veremos todo de forma un poco distinta —especulé—. Creo que a partir de ahora veremos nuevas oportunidades donde antes percibíamos limitaciones. Cuando me enfrente a problemas me gustaría rememorar este vasto horizonte. Cuando mire a otros me gustaría encontrar en ellos lo que veo en vosotros.

Me voy a descansar hasta que me toque mi guardia, y

creo que mañana propondré como frase del día los versos de Machado: «Caminante, no hay camino, se hace el camino al andar; caminante, no hay camino, sino estelas en el mar».

11

Martín

Había hecho yo la última guardia y había aprovechado uno de esos momentos mágicos de soledad, de intimidad. Con la primera luz del alba, cuando llegaba la claridad pensé que un viaje que tocaba a su fin era en realidad una

página en blanco,

una oportunidad para empezar otra experiencia. Pensé que merecía la pena transmitir a otros la estupenda experiencia que habíamos vivido en esta travesía. Cuando Samuel, Alberto y Juan subieron a cubierta les dije cuál era mi intención:

—Durante la guardia he tomado una decisión: voy a escribir un libro sobre el viaje.

—¿Sobre nuestro viaje? —preguntó Alberto, y Juan dijo:

—¿No era Alberto el cronista de nuestra travesía? Él ha escrito el diario de a bordo.

—Y lo ha hecho con el buen estilo que le caracteriza

—dije—. Pero el libro que llevo en la cabeza sobre todo tratará de lo que hemos hablado, más que de lo que hemos hecho.

—Personas comunes consiguiendo metas poco comunes. Una experiencia intensa —dijo Samuel—, al menos para mí.

—A lo mejor no todo el mundo entenderá lo que digas —advirtió Alberto.

—El mensaje no es para todo el mundo —repuse—, pero es casi para cualquiera. Para todo el que quiera movilizarse.

—¿Y nosotros vamos a ser la lección para los demás? —preguntó Juan, a lo que contesté:

—No se trata de decir a los demás lo que tienen que hacer. El libro será un compañero de camino para aquel que es consciente de que está en tránsito. Gentes de distinta condición que no necesitan que les digan lo que tienen que hacer, pero quizá aprecien en nuestra experiencia la motivación que les ha podido faltar para dar el primer paso.

—Lo que quieres es poner en marcha a los demás para que hagan su camino —sugirió Samuel.

—Si un solo lector lo hiciera, habría merecido la pena el esfuerzo de escribirlo. La vida es finita y vale la pena dar el paso y empezar el viaje. Me gustaría decir esto a todo el mundo.

Resultaba curioso que estuviéramos hablando de nuestras conversaciones. El viaje nos había permitido recuperar dos facetas personales opuestas y quizá complementarias. Habíamos recuperado el placer de la conversación, algo que la prisa diaria nos escatima, y habíamos encontrado momentos íntimos de reflexión, que las tareas apremiantes nos roban a diario.

—Una idea que me gusta —pensé en voz alta— es que cuando escribes un libro no sabes qué vida va a tener. Quizá para el que lo escribe, el libro acaba cuando llega a imprenta, pero allí va a empezar su camino para quienes lo lean.

—Una cadena de historias imprevisibles y que seguramente nunca conocerás —dijo Juan.

—¿Recordáis cómo nos conocimos, cómo nos hicimos amigos? —preguntó súbitamente Alberto.

—Porque nuestros hijos van al mismo colegio —contesté.

—¿Y sabían ellos que sus relaciones iban a tener como consecuencia esta amistad nuestra tan intensa?

—Claro que no, pero es que en la vida se trata de plantar semillas y de no dejar pasar la ocasión de relacionarse con otros de forma generosa y receptiva a la vez —explicó Juan.

—Normalmente no sabemos cómo hemos influido en la gente, pero lo que hacemos deja huella —dijo Samuel—. Recuerdo una película en la que un niño proponía cambiar el mundo de forma práctica haciendo un favor a tres personas que no se lo hubieran pedido. La única condición para aceptar esa generosidad de un extraño era comprometerse a hacer lo mismo con otras tres personas.

—Ese efecto multiplicador de lo que hacemos me parece apasionante —comentó Alberto con entusiasmo—. Es como la razón áurea de la serie Fibonacci.

—Pues como no te expliques… —le pedí.

—Sabes cómo es la concha de un nautilus, ¿no? Desde el centro forma una espiral creciente que responde a una progresión en la cual cada número es igual a la suma de los dos precedentes. Esa serie la formuló un matemático del Renacimiento, Fibonacci.

—Nosotros sumamos cuatro tripulantes.

—No. Lo que somos capaces de hacer tú y yo juntos tiene un valor superior a lo que podemos hacer por separado. Si a esto se suma lo que con esta base puede hacer Samuel, el punto de partida que tendrá la aportación posterior de Juan es todavía mayor. Lo que hacemos en los equipos tiene efectos multiplicadores.

—La pregunta que uno tiene que hacerse de forma periódica es: ¿soy un freno? O sea, ¿resto? ¿O por el contrario sumo, o incluso multiplico? —sentenció de nuevo Samuel.

—Pero hay gente que no consigue despegarse del pasado, que todo lo ocurrido lo interpreta como limitaciones. Por eso les cuesta tanto seguir subiendo peldaños —repuso Juan.

—A veces es preferible llevar cosas a la práctica, sin mirar demasiado las formalidades. Algunos usan la idea de que algo siempre ha sido así para cargar sobre los demás la responsabilidad de que algo no mejore. Ese estar siempre mirando hacia atrás con la crítica fácil.

Me alegraba oír esto de la mente práctica y metódica de Alberto.

—Y las cosas que están por pasar son las interesantes —dije.

—Las cosas que están por pasarnos —puntualizó Samuel.

Ese matiz me hizo pensar que si por alguna razón el viaje se acabara en este momento y todo quedase congelado sin poder hacer nada más, ¿podría identificar qué me quedaría pendiente? Pendiente de realizar, de comunicar, de aprender, de mirar, de escuchar, de dar, de recibir, de oler, de tocar, de sentir, de pensar, de vivir.

12

El error es pensar que el viaje comienza el día que nos hacemos a la mar y acaba el día que arribamos a puerto. El viaje empezó mucho antes, cuando comenzamos a compartir una ilusión, y seguirá mientras busquemos el final del

arco iris.

¿Adónde nos lleva nuestro camino? ¿Qué otros caminos hay? En medio del Atlántico tuvimos la idea de poner un mensaje con nuestros nombres, nuestra ubicación, la fecha y una dirección de correo electrónico en una botella que lanzamos al océano.

Ninguno de nosotros imaginaba que al final alguien la encontraría. Parecía algo propio de una novela. Pero cuatro meses después recibimos un correo electrónico en el que Eileen nos anunciaba que nuestra botella había sido encontrada en Coral Bay en St. John, una de las Islas Vírgenes.

La botella había seguido su propia ruta. Había viajado más al norte, empujada por otras corrientes. El azar había unido por un momento a personas que nunca pensaron tener nada en común. Así ocurre con encuentros y despedidas que la vida nos va poniendo delante.

Ese factor de azar no hace más que demostrar que el futuro está abierto, que tenemos que escribirlo nosotros. Después de nuestra experiencia, para mí está claro que el proyecto merece la pena y es factible.

Pisar tierra firme no es fácil después de 21 días de navegación. Tantos días navegando convierten la línea recta en una distancia imposible entre dos puntos. Tardamos un poco en dejar de tambalearnos y en dejar de agarrarnos a algo –una silla, una columna–, como habíamos hecho a cada paso sobre nuestra nave.

A nuestra llegada a Santa Lucía organizamos una comida de celebración a la que invitamos a algunas personas que asistían a los barcos en el muelle. Hablando con ellos de las reflexiones compartidas durante el viaje, un hombre del puerto nos dijo que llevaba muchos años sin moverse de la isla. Había sido marino durante largo tiempo en su juventud, pero ahora su viaje era interior. Los compañeros de ese viaje eran el recuerdo del hijo fallecido en la mar y de la esposa, que una enfermedad le había arrebatado. Nos dijo que su mundo se reducía a aquel muelle, a su casa del puerto desde cuyas ventanas veía llegar a gente como nosotros, que durante un breve tiempo éramos su equipo.

Hay gente que habita en zonas áridas, por situaciones personales, por su contexto. Otras se pueden sentir muy cerca, aunque estén lejos. Todos pueden emprender su viaje, aunque a un observador poco atento le parezca que no se mueven.

Llevados por la alegría, aquella tarde fue como un resumen del propio viaje. Un viaje en el que nos dimos cuenta de nuestra pequeñez en el tiempo y en el espacio; de nuestra insignificancia. Creemos que todo pasa por nosotros, que sólo existe lo que percibimos, pero en realidad sólo vale lo que ofrecemos a los demás. Habíamos llevado a cabo un proyecto que requería grandes dosis de ilusión y esfuerzo por nuestra parte y por la de nuestras familias y compañeros de trabajo. El logro era compartido por el equipo, como lo habían sido las dificultades. En el paisaje majestuoso del océano, nos dimos cuenta de que cuando sale el sol lo hace para todos, cuando no hay viento no impulsa las velas de nadie. Aprendimos la importancia de hacer consciente el viaje, de prepararlo bien, comprometerse con el equipo, marcar el rumbo y arrimar siempre el hombro durante la navegación.

Sabemos que muchos han contado viajes, pero creemos que merece la pena seguir haciéndolo, porque todo viaje puede significar un cambio.

Uno de nuestros hijos resumió nuestro viaje a la perfección: «Mi papá cruzó el océano en un barco muy pequeño con unos amigos muy grandes».

En el puerto de Santa Lucía nos hicimos la foto de fin de viaje. Allí se nos ve sujetos por los hombros sobre la proa del barco. Un barco que se portó bien, pero que solo no hubiera navegado. Tampoco nosotros sin él hubiéramos concluido el viaje. Hay muchos componentes que tienen que funcionar. El equipo tiene que apoyarse en un contexto. En esa foto hay mucho más de lo que se ve a simple vista, pero lo que la fotografía representa es un equipo que ha superado con éxito sus objetivos.

Llegamos al otro lado del Atlántico los cuatro juntos. No todo fue perfecto pero, superadas las dificultades, la lección está aprendida: ¡se puede!

¿adónde voy?

No veo nada, no siento nada. No sé si estoy dormido o despierto, pero la oscuridad me rodea. Me resulta familiar la sensación, aunque no por eso es menos desagradable. No toco nada, no oigo nada, no sé si estoy solo, pero un rayo de esperanza brilla en mi interior.

No es una luz que pueda ver, es una certeza que ahora tengo: cuando este momento de vacío pase, sé que estaré en un viaje y que tendré compañeros para ese viaje.

No sé aún quiénes son, no sé adónde iré, pero sé que no estaré solo. Sé que el viaje merecerá la pena, sea cual sea. Y estoy dispuesto a vivirlo.

Lo único que se puede hacer es abrir los ojos y poner energía en construir algo, porque después del viaje de la vida no nos vamos a llevar nada, todo lo dejamos aquí. No se permiten maletas en ese tránsito. Lo que cuenta es lo que en nuestra experiencia vital podamos dejar construido, lo que seamos capaces de legar a los demás.

Este libro no lo podemos terminar los autores. Quedan muchos viajes. A ti, lector, te quedan minutos, horas, días… te quedan «viajes» pendientes. Te quedan equipos por integrar. ¿Dónde está tu equipo?

Te proponemos que no des por concluida esta obra sin apuntar aquí cuál es tu viaje, por qué quieres hacerlo y con quién lo harías:

Ahora tienes que decirte a ti mismo que lo harás. Y a los compañeros que has elegido, díselo también. Ellos son tu equipo.

Si quieres compartir tu idea, puedes anotar tu experiencia de viaje y los miembros de tu equipo en: www.dondeestamiequipo.net

Buen viaje

Las ideas plasmadas en este libro son fruto de vivencias que los autores han experimentado en contacto con muchas personas a las que deben buena parte de lo que ellos mismos son. El viaje en el que está basada la narración fue realizado en noviembre de 2002 por cuatro amigos que cruzaron a vela el Atlántico. La travesía, que les sirvió para estrechar sus lazos de amistad, ha inspirado este libro y muchas de las experiencias y diálogos de los personajes del relato.

En la foto de contraportada, de izquierda a derecha: Miguel Rojo, José Luis Angoso (Chevis), Mario Kogan y Luis Briones, a su llegada a Santa Lucía en el velero *Le Refren II*.

En la narración de este libro se ha recogido la esencia de la vivencia del viaje, el poso que dejó en los navegantes, y se han omitido detalles de la travesía que el lector puede encontrar en el cuaderno de bitácora: www.colawhaler.com

Presentación de los autores

Mario Kogan

Nacido en 1960, es Ingeniero de Sistemas por la Universidad CAECE (Centro de Altos Estudios en Ciencias Exactas) en Buenos Aires. Ha trabajado en empresas de tecnologías de la información en distintos ámbitos que abarcan el desarrollo de productos, la comercialización de servicios y la gestión.

Desde el año 2000 se ha especializado en el desarrollo de equipos de trabajo y capacidades individuales, enfocado hacia la Gestión del Talento como herramienta de mejora continua de la actividad personal y profesional de los individuos en los entornos en los cuales les toca «viajar».

José Ochoa

Nacido en 1962, se doctoró en Filología Clásica en la Universidad Complutense con una tesis realizada en el Consejo Superior de Investigaciones Científicas. Ha sido profesor en la Universidad de León, redactor y editor en la Agencia EFE, y autor multimedia para la Biblioteca Nacional de Madrid. Arquitecto de información y experto en usabilidad, es autor de libros de divulgación cultural y colabora habitualmente con medios de prensa. Desde 2000 está vinculado a la práctica de la dirección de proyectos y la gestión del conocimiento en los sectores tecnológico y financiero, y participa en cursos especializados sobre potenciación del talento. El contacto con el mundo de la tecnología le llevó a escribir *101 claves de Tecnologías de la Información para directivos*. Ochoa mantiene una página en internet sobre el impacto de la tecnología en la sociedad y en los procesos de comunicación (www.joseochoa.com).

www.ingramcontent.com/pod-product-compliance
Lightning Source LLC
Chambersburg PA
CBHW061511040426
42450CB00008B/1571